Ernst Meister: Sämtliche Gedichte / Die Formel und die Stätte (1960). Herausgegeben von R. Kiefer

Ernst Meister

Die Formel und die Stätte
Gedichte

Rimbaud Presse

Alleinige Textgrundlage für diese Ausgabe ist die
Erstausgabe, Wiesbaden: Limes, 1960.
Spätere Veränderungen wurden nicht berücksichtigt.

Frontispiz:
Ernst Meister (1960) photographiert von Else Meister

Titelbild:
Aquarell (6/70) von Ernst Meister. Privatbesitz

Gedruckt mit finanzieller Unterstützung
des Regierungspräsidenten, Köln

© 1987
   Rimbaud Presse
   Postfach 86
   5100 Aachen

Satz:
VA Peter Großhaus, Wetzlar

Druck und Bindung:
Fuldaer Verlagsanstalt

Alle Rechte vorbehalten. Auch die fotomechanische
Vervielfältigung des Werkes (Fotokopie, Mikrokopie)
oder von Teilen daraus bedarf der vorherigen
Zustimmung.

Printed in Germany
ISBN 3-89086-979-3

»...ich, gedrängt von dem Verlangen,
die Stätte und die Formel zu finden.«
                              Arthur Rimbaud

I

DER GRUND KANN NICHT REDEN

Der schreibt kein Tagebuch,
Grund, der aus Totem und Toten steht,
der die Säulen aus Wasser trägt
und die immer
geschlagene Flotte der Worte...

Er, behäuft mit Verrott und Dunkel,
kehllos Ohnsilbiger unter
rudernden Flossen, fahrenden Kielen!

Stoß ich hinab?
Ich griffe im Finstern wohl
wie faulen Zunder
phönizischen Kindes Gewand,
gelöstes Lotblei,
irrendes Echo, das
Wrack einer Laute...

Tauche ich?
Ich suchte mit Lampen, ich fände
ein Logbuch, welches jedoch
von des Totseins Bewandtnis
nicht spricht, sondern allein
von des Unterganges Beginn:
WIR SINKEN. WIR
WERDEN GRUND.

SIEBEN ZEILEN

Ein Blindes lenkt
ein Schiff
demantnen Berg hinan;
und steigt
die stille Mannschaft aus:
Wo ist, wer
trank das Meer?

AN MEINEN BRUDER

Das geborstene Geschrei von Fürsten der Hölle,
die jenseits scheinen aller Verständigkeit –

Was konnte dir geschehen, mein Bruder?
Waren sie nicht eines Tags, jene Fürsten,
tückische Schleicher zu deiner Seite und
    sagten zu dir:
Die Blumen sind wieder da,
rieche, wiederholtermaßen ist Frühling,
geige nun fein zum letzten Mal
die gediegenen Formeln des Wachstums,
du aber entwachse, geh
aus der Welt, wirf hin und gedeih?

Da wußtest du nicht,
was dir geschah: Alle Spiegel
begannen zu lachen,
die Teiche wurden zu Schwimmern,
aber wo sollten sie schwimmen?

Nun wurde laut
kindlicher Engel Gesang.
War nachzusingen, der süße Bettel, und
Gebet an Gottvater, seinen drohenden
Zeigefinger, war nachzubeten. Erziehung – sanft –
Rute hier auf Erd –

Wo aber war
die Freundin, wo war,
wie es gewesen,
das Vertrauliche aller Vertrauten?

Strich, schneeige Kreide hindurch.

Und was hat der im Sinn,
seh ich ihn je einmal,
mir ein nächster Verwandter, so denk ich,
ihn, gebeugt über Blätter,
mit Griffel, nein, Bleistift?

ZITAT II

Zeit
und Zeit
und Zeit wird
ein Ende haben.

An mürber Esche
splittern die Speere,
all die,
heimgekehrt
aus des Menschen Fleisch.

So
für jedes
aller Zeit
solcher Sog.

Einer
und manche sahen,
selber im Schwinden,
die Statuen weichen,
die Saat lichten Hauses
erdunkeln.

Gedächtnis, wo,
in den azurenen
Kammern,
schläft es,
der Sonne?

ANKUNFT GROSSER GEFAHR

Wieviele Kränze geflochten!
und da im Grabe noch flechten
die Gärtner aus ihrer Gewohnheit:
o längste Weile der Gräber!
Es gähnt ihr Kaiser, der Wurm.

Ein großes Gelächter naht
von Sonnenaufgang
und hat an den Fersen Echo,
der Zeiten Sold an den Sohlen
und Zimbeln an lehmiger Zeh.

Da kommst du, der Grüfte Gesind,
das Knie des Gelächters dein Herzog –
und kommt und klappert mit Tafeln
und laßt eure Zungen plappern,
ihr aus der Zeugung die Meinen!

Das Zelt der Himmel will reißen,
das Dach überm Schlafe will stürzen,
das Zelt der Himmel will lachen,
ein anderer Himmel erdröhnt.

Ihr Meinen!

Ich erwart euch und
bann euch, ihr Schläfer,
nach bebenden Mundes Beschwören,
gereckt über zweifelnden Gräsern,
mit der Faser einzigem Schrei.

DU, UNTER NICHT KRÄNKELNDER SONNE

Du, unter nicht kränkelnder Sonne
von den Stauben hier einer,
sieh, wie es am Saum deines Kleides
wie glimmender Aussatz beginnt.

Unter dem Zunder der Atem noch stolz,
und hast du nicht so
die Wüste geträumt, sie
mit kleinen bitteren Vögeln,
von hungernden Lüften verschlungen,
und spieest Worte gleich Zungen
auf heißes Gestein?

Sand und des Sandes Gewölk und
ringende Röte...
des Lebens Fürst
häuft Dünen aus Wahrtraum, er fegt
die granitenen Riffe.
Hochfahrender Wind,
ist er in Sälen der Sonne willkommen...

Was wird dort beschlossen,
weit über hier schreitenden Hügeln,
dem sehnlichen Staub und des
Staubes Gewölk?

VOGELWOLKE

Ein Abend,
starrend von Staren...
und wärs auch
Wortspiel, es schafft sich
Wahrheit,
so schwarzes Gezwitscher,
ein unerhörtes
im Labyrinth.

Das muß
der Herbst sein. Er
runzelt die Braue:
die Vogelwolke
steigt auf aus
besudelten Wipfeln

und nimmt nach
Norden
unverständliche Richtung.

WINTERLICH

I

Hier, wo die blutige
Wildspur endet,
der Jäger in Stricken liegt
und sein Hund Schnee frißt,
ein schwarzer Hund,
sind meine Augen sehend
von Kristallen der Luft.

für Louis Guillaume

II

Schnee im Mund
läutert
das Liebeswort.
Im Froste glimmen
Augen
des Sanddorns.

Da ist
wie von blauem
Erz,
Sterne enthalten es,
Geschmack
auf der Zunge –

Torheit
kaum noch gewährend.

III

Stunde, in deren Winter
ihr standet, Todesgedanken,
bereifte Pappeln,

das Blut
glitzernd war, so
daß mit einem Mal

Gewieher erscholl
zweier Rappen,
und wir rannten und reisten

auf blanker Seele
mit Schlitten und Zügel
ziemlich weit.

IV

Schnee fällt.
Die vielen Wimpern
währender Augen oben,
die weißen Wimpern,
die sich lösen, fallen.

Das Jung- und Alte,
schlafend Wache,
Reine, – ach,
das unerbittlich
Winterliche,
den Leib betauend...

Der Kinder Münder
fangen Flocken sich.

DAS PFEIFEN DER FLEDERMÄUSE

Jedes Haar auf dem Haupt,
aber auch der trübe
Fleck an der Zimmerwand

und die von Zimmern
Myriaden entfernten
Nebel aus Staub...

Was meint
das Pfeifen der Fledermäuse,
wenn die Dämmerung

unter den Augen pünktlicher Sterne
Asche
dem Horizont hinschüttet?

für Flora Klee-Palyi

EIN LÄRM

Ein Lärm, aus
Schatten gemacht,
und die Schlegel der Trommel
mischen den Mohn, der
tanzt auf dem Fell,
und es ist das Kommando:
Stirb, schlafe!

Und mit Wirbeln des dumpfen und
splitternden
Lärms,
Mohntons, Trommeltons
von Stöcken, von des Tiers
geärgerter Seele:
Erscheine, Schlaf!

VON DEN AUGEN UNTER DEN LIDERN

Sibyllen, sie sind
tot – auch Du
hast es gesagt –, aber
seh ich sie nicht,
die Eine Sehende, ist sie
nicht die Einsame, die weiß,
wie Augen blicken, wenn sie
verriegelt sind
von Schlaf?

Ich, nein, ich will ja
nicht wissen, wie Augen
unter den Lidern sind,
soll und will
vielem nicht zusehn –
wer,
was bin ich?

Erzähle –
sprich von den Augen unter den Lidern,
sag, wie sie blank sind im Blinden,
lotend die Lebenswasser.

Wirf einen Mond an den Himmel,
sag: Schwarz
sei der Mond und zügle
zwei Kähne.

Sag: Prächtiger Mond,
lotend die Todeswasser.
Sag: Es ist
dein Mond, Sibylle,
die du, ich weiß es,
offenen Auges lebst
in unermüdlicher Nacht.

Rufe noch: Mond, unsichtbarer,
enteilender Sohn der Weissagung,
nicht einzuholen vom Pfeil,
Pfeil, in dem
der sausende Schlaf wohnt,

Schlaf über den Todeswassern,
dort, wo zwei Kähne ruhen
in unermüdlicher Nacht...

DRAUSSEN

Fern draußen, in kalten
Pflanzungen des Lichts –
Lanzen seiner Lilien, Durchflucht
ehrgeiziger Geschosse –
wer geht vorüber?
Ein hungernder Hund mit seinem
hungernden Kopf und seinem zweiten
hungernden Kopf und ist der lebende
Kopf meines begrabenen Hundes.
Wer geht vorbei?
Eine Harfe und klimpert,
eine Marguerite und zerreißt sich.

FEDERN FLIEGEN DES PFAUS

Federn fliegen des Pfaus,
Staub schwebt
und Wasserfunken.
Was weht dich an?

Sind schon Riegel gesprengt,
platzen nun Schoten,
entschleudernd
kältestes Blau.

Dieses baut das Haus
mit sich selbst
ums ellipsene Sieb
der kühlesten Fürstin.

EINFACHE SCHÖPFUNG

Mit Singen eines
Vogels schwankt
ein Zweig
vor allem Tag,
und einfach ist
der Plan
von Lied und Zweig.

Den Plan, den sing.
Du wirst erspähn
den Lidspalt dessen,
der sich selbst
höchst wundernimmt,
obwohl
aus diesem Lidspalt
Tiere hungrig stürzen,

Wölfe,
deren jeder sich
mit eigenem Fange
auffrißt
in dem Lauf.
Da bleibt nur übrig:
Haar, das schwebt,
und Chiffren.

DOPPELGESICHT

Spindeln aus Rauch.

Das Verwesen der Namen
und ihr einziges Amen.

Raum von Welten
und des Fleisches Verlies,
Verlassenheit,
Haus.

Senkrechter, siegreicher
Pfahl – Erdenhier –
und der waagrechte
Balken vom Kreuz:
Grenze und Last.

Alles Doppelgesicht
und
deutbar fast.

UNTER ANDEREN

Stark von Vergessen
genährt
aus dem Trug und dem
Krug, den
keiner austrinkt,

vom ganz Offenen, in dem
Krug und Trank
endlos fallen, getrennt
durch Schwärme
fliegender Samen – ich sag

so oder erwähne
den Grashalm,
der sich beträgt
stillmeinenden
Atemzugs

unter anderen Halmen.

FALL

Grab der
Vogelgedanken:
Zenit.

Federn
schwanken herab.
An der Erde
eingeschneit
liegt es,

zu sehen gestraft,
lauter Gesicht,

zu hören
panische
Kreatur,

Planeten-
karussell.

RÄTSEL DER FURCHT

Das Unbekannte,
raumübergroß,
verjüngt sich,
und schmal,
eine Säule, ragts,
daß ich singe:

Endlich
endlich mein
Blut
mir vertraut und

einfach
ein Geflüster

Kommen, Gehn,
Kommen

Gehn...
daß ich

singen mag

das bittere
Wunder
und

Rätsel der Furcht.

ERSTLINGE DER FURCHT

Das gerade Licht,
wie wir's krümmen,
halb erbost übers wiederkünftige
Jubelgeschrei kleiner Vögel
in Fluten von Grün!

Erstanden sind wir
zur Furcht, sind darum auch
ihre Erstlinge und
verwandelbar in der Not.

Wenn erst die Rute aus Licht
unsern sie biegenden Händen
entspringt, wird sie die Furcht
strafen und, ein Hirte,
uns, die wir Steine waren,
vor sich herführen
als Lämmer
mit glühenden Vliesen.

METAMORPHOSEN

Geziemt Geduld?
Siechtümer werden flügge;
ein Baum ersprießt,
er ästelt, ruft
mit Blätterzungen
Nester.

Es fliegt
Verzweifeltes herbei
und macht sich sanft,
träumt Kerzen, ihre
Mandelflammen
an künftige Vogelstraßen,

schmilzt,
bitterer Früchteduft,
im Schlaf.

II

DURCHQUEREND SOLCHE WÄCHTEN

Durchquerend solche
Wächten
zerstäubten Blutes,
winke ich: Kommt!
rufe ich: Kommt, um
einzusehn:

Durch Röhren, pulsende,
strömend, aller-
orten ergießt sichs,
und – seht hier: Der,
welcher das Ohne
aller Dinge
besitzt, heißt
die Winde es
trocknen und wehn
zueinander.

Und lauscht! Hört ihr sie,
mit sich selber
redend, Sprache: es sei

des Wesens Geschick, ein
Gewesenes zu werden (in
Wettern der Furcht und
verwitternd im Dulden, keinem
Ende hinwährend),

über sie selbst?

für Wilhelm Badenhop

SELTSAM GENAU

Hier, wo
die Helfenden sind,
um willen von Durst,
Atem, andere
Pein, Krebs
etwa, weiß
nicht, worum
einer
läutet (kenne
die Hände nicht),

sind Blumen.

Von Augen
geschenkte, Augen-
verwandte,
betrachten sie dich
über den
Tag hin

seltsam genau.

STROHERNES LICHT

Halberlei
ganzerlei Sinn-
entsonnenes. Wer es

zirpen mag,
tu es
mit Halmen
strohernen Lichtes
von jeglichem Tag...

Jeglicher Tag, und
der blickt
ins Gehäuse
der Spinne, und nur
dich
wundern wahr-
scheinlich

die allerlei
leeren
Chitine, mit den
Fäden geregt,
wenn aus
so einem weg-
geschmissenen
Becher der
Mauerspalt
Wind trinkt.

BEZIRK

Licht
der Kamille, falben
Unkrauts Arom,
Iris, ein Strauß,
vergor
zwischen Aschen.

So rosen wie grünes
Verdorbenes quoll,
überwälzend
Nesseln,

als auch aus
Rotem, beflecktem
Roten sich stülpte
gähnendes Gras.

ASCHE

Asche liegt
auf der Schwelle, du weißt,
welcher Hochzeit. (Wein
in den Bechern, oder
mundete Wind?)

Und die Asche
beginnt, sich zu drehen; aus dem
kreiselnden Kerne
winden sich Hunde, graue,
alsogleich schnuppernd;

Bastarde,
und beschmeckend
hier, den ich
staunend
schaue:

Schattenglanz
und von ihm
klar Erbautes.

Er aber,
sich unterhaltend –
und gleichwie pilgernd
durch Rosengestrüpp –
mit dem Wesenden,
Klang brechend
von den Saiten der Laute...
Ist aber Tau aus
Galle allhier.

Aus dem Grab,
das ihm die Weile
zu leben befiehlt,
oder wäre es Gott,
tönt's ihm,
und er nimmt,
was gesagt wird,
in den Fingern zusammen...
Ist aber Tau
reinen Himmels allhier.

JOHANN SEBASTIAN BACH:
SUITE FÜR LAUTE

für Aloys Kontarsky

DROSSEL

Wie lacht
das Grau der Luft, wächst
solchen Abends Gras
und Stille laut, schwebt
Motte, Blütenblatt, huscht hin
am Pfad Gesäm! Ach,

Drosselsingen, während
Grübeln lungert! Blut-
dunkle Buche. Den Alp
gedacht, es rage
ins Laub der Hals, das
Maul von einem jener ungeheuren
Tiere – äse. Grübeln

lungert (vielleicht
fragt sich selbst Gott
in dem Gespinst, ob
es ihn gebe und, sofern
ihm dies gewiß, er
Gott gewesen auch
der ersten Zeit). Grübeln

lungert, lugt
ins immer Dichtere. – Seele,
spät, dir selbst
zu schwer, wirf nicht
dein Blei ins
Drossellied. Das
endet jetzt.

ZU WEM

Kein
Besinnen. Der
Drossel Gleichton
schwingt
so bald nach der Nacht, und

wie es kaum graut, so
hungerts die Feuer,
die Vögel.

Zu wem, wenn
also es
Tag wird
ums Leidenhaus, der
blinkende
Tau seinen Tod
eräugt,

sage ich
Herrscher und Herr?

MITTAG

Es ist
der Sang
der schmalen Wassersäule.

Gefieder weiß ich,
stilles,
in der Buche.

Auf seiner Sandbank
schläft
der Wasserwerker.

Ja,
geh vorüber
eigenem Gewahren.

SCHATTEN

Du, mein Schatten, du
Niemand von mir,
kennst du den Häscher
ohne Gestalt, sich verbergend
im Strahle des Springbrunns?

Wenn, Schatten, du
Schatten von
Rosen pflücktest, wer
drohte dir?
Jener im
Strahle des Springbrunns?

NÄCHTLICH

Inwendig: Grüner
Ort der Nacht, wohin
ich Häupter zieh
an langer Seufzerschnur
(Liebreiche, ihr
aus abgestorbener Zeit!) und

draußen: Getier
der Luft, spreuleicht, befällt
die Lampe, verirrt
sich irgendwo an mir,
schwirrt um die Muschel
meines Ohrs, berührt
mir Lid und Mund.

Von Nacht umschränkt
(gedenkend euer,
euer, die
ihr Liebe habt) – jetzt

grell, ver-
brannt, ent-
schält in-
wendig,
wohin

ich
Schädel zieh
an langer Seufzerschnur.

GEDANKE UMBRIEN

Und wär ich
ein Arges,
das seinen Rock,
starren Fetzen,
gewendet hat,
ich dächte
Umbrien...
den Klang.

Dem wär wohl
der Traum erlaubt
von einem Dort,
wo braune Gewitter
segnen
den reifen Fels,

wo Bienen,
mit gilber Seide,
Bilder der Lämmer
sticken und Vögel
in Totentuch.

Und wär ich
ein Bettler
um Schlaf.

EUCH, TULPEN, NARZISSEN

Da mich mein
Traum gereut:
euch, Tulpen, Narzissen,
bekenn ich den Traum:

daß ich stand
hoch über Grüften
auf Lerchenstiege
gealterten Turmes, ein
Räuber der Glocken, der
stundentönenden;

die ich hinabstieß
beim Zürnen der Engel, beim
Schrei'n der Dämonen.

Euch, Tulpen, Narzissen,
bekenn ich
den Traum.

DIE ANDERE NACHT

Wenn ich
sehend bin, schlafend,
des Schlafs, wär ich,
Blinde, dir Schläfer?

Wir,
zweier Sicheln sich zärtelnde
Schneiden nicht, auch
Nattern nicht, die sich
fühlend umschlingen.

Dunkles Wort ich
und
dunkleres du,
noch bestürzend
den Schläfer.

[Handschriftliche Annotationen:]

Sehen / Blind
Schlaf –
eine Bedingung, eine
Utopie – eine Beziehung
wird entworfen

Die Nacht und
der Schläfer:
ein ambivalentes,
doch gelingendes
Verhältnis – doch
auch dieses nicht,
anders ist die Liebes-
Nacht

Der Dichter als Beischläfer des Worts, der Sprache –
ein Gedicht über die Unmöglichkeit oder das
schiere Wunder, eine Beziehung leisten zu können,
›ich‹ zu sagen und ›du‹; oder ein Sprach-
gedicht, es läuft für den Dichter aufs
Selbe hinaus.

Die Komposition ist aufschlußreich:
in der 1. Strophe, die ›wenn – dann‹ - Beziehung,
die ober entscheidend: im Konjunktiv entworfen

ETÜDEN

I

Ihn zu locken,
den Stachel, aus Schlaf,
seiner selbst, ja
der Blumen vergessen –
bis er sticht,
so daß auch
die Blumen gedeihn.
Fleiß der Sehnsucht,
versuchende...

II

Von Veilchen
der Berg
verfinstert.
Durchs Hohle
der Flöte, aller
Kelche betäubendstes
Düster, die
Blendung des Dunkels,
die Höhle hinauf – aber
schon
kommt
in dem deutlichen
Labyrinth
ein Gleiches
dem Gleichen
entgegen.

III

Von einem Hügel fließt
ein rosiger Sand...
Glaubt man,
das sehr bewahrte
gemalte Bild
des Hügels stünde
nicht in den tilgenden
Wettern, daraus
die Toten blicken?

IV

Doch was geziemt
den Toten und
Lebendigen
zu hören, nachdem
ich einer alten Laute
Schatten kaufte
von einer milden
Hökerin, vornehmlich
Händlerin
mit derlei Schatten?

für Walter Höllerer

TAGE

Höhe und Breite
streben
nirgend hinaus, sind
aufgehoben
in Kreuzes Mitte.

Die Rose darin,
vom Weinen zu pflücken.
(Ein Mädchen, nie
sah ichs, jetzt tot.)

Letzte Siegel
sind einfach. Tage
malen das Wappen.
Zum Fenster des Bluts
steht
die Letter heraus.

Die Langmut
genächtet. Über die Elle
ragt Elend (Glanz
eines Worts, das sich selber
versehrt). An der
Höhe gerüttelt
und erlitten
das Brandmal,

daß die Kugel
zersprang, die sich
dennoch genügt.

III

DER TOTE

Zwischen den Feldern liegend,
dort, nicht fern im Süden
(so ist das Ziel, die
wirkliche Ernte):
Ein Totes schweigt
der Sonne Frucht und Dunkel.

So ist das Ziel, die
wirkliche Ernte: daß,
über solchem Schlaf,
Nichts sich mit Nichts
verständigt
über die Wahrheit
gemalter Bilder
oder (weil ich
aufrichtig lüge)
kalkige Wangen
zwischen sich zwei
einander gleiche
Äpfel zerreiben,
todesgrüne.

HIERZULANDE

Das Licht
hierzulande (und wäre ich
hier?) geht
aus und ein
zwischen Apfelbäumen.

Rosen, von ihrer Röte
und ihrem Schatten
trunken, sich atmend
ins Helle, ich bin

hierzulande und lasse
die ferne Sonne
an den Zähnen vorbei.

GELBER STAUB

Raum. Aus Gedächtnis
bestellt er
die Äcker des Sternes
mit des Vergessens Blumen.

Ja, gestern haben wir
zu einem Toten
Lilien getan,
und war nicht um sie
des Schweigens Geschrei
als um lösliches Kleid?

Zu sehr
entgehe ich mir,
um mich
lang zu behalten.

Doch mit
Staub, dem
gelben der Blüten,
find ich zuweilen
die Wimpern bedeckt.

WELCHEN SINNES

Welchen Sinnes
ist dieses Gesträuch?
In elektrischem Haare

dornig zu ranken,
weiß
dem Gefühle zu blühen
und zum dunklen
Blute der Beere
zu reifen, daß Vernunft
es koste,

sie, die heiß
doch untrunken bei milder
Eifersucht der Toten
im Duft
des Trockenen geht,
von Insekten
umfunkelt.

STRUDEL

Weltsinn
wird aufgesogen
von ihm selbst.
Im Strudel
wesen uns Leiber,
schweben
uns Bilder vor.

Rose, was sagt
Leben?
Es fahre
Gewesenem zu.
Was sagt Tod?
Rose.
Sie ankere
mit Dornen in Augen,
Kähnen auf
der saugenden Flut.

VESPER

Die Silhouette der
gebrestlich Alten,
die da im Staube trottet
Fuß für Fuß (so ginge
ein Käfer mühsam aufrecht)...

Halt du der Rosen eine
gegen diesen Abend
(müd an den Rändern alle),
daß Gott sie küsse, der,
man sagts, nicht ächzt,
nicht altert,

und höre außerdem
hin übers dürre Gras
das Lachen eines
jungen Hauptes,
das schüttelt immerzu,
nicht aus
Verwunderung.

SAGT, VOGELGEISTER

Sagt, Vogelgeister,
unsichtbare,
auch wohnend in goldenem
Haargebüsch,
Dank den Lilien,
tut es an meiner Statt.

Und sagt, die ungeträumten
habe ich
wann geträumt?

Und es sind Jahre,
tausende vorbei,
daß ich es wagen will
(weil ich den Mut verlor),
ein Schwarm von Bienen zu sein,
der sie umarmt.

Sie selber,
duftend zumal in der Nacht,
ihr Weißes
darf niemand sein.

IV

SEIT JENEM SCHEITERN

>*»Soulèvent les souches des ronces.«*

Hoben die Strünke
der Dornen empor...
So, unter
Trän' und Kram
fand sich das alte
Wagenrad.

Laßt uns nun
fahren, froh
des Rosts. *Es*
kommt entgegen,
feuchten Lebens.

Durch Wüste geht
ein Mann,
gestorben, ganz
verdorrt
und Sonne so
wie Auge ganz und gar
– ein Gram, ein Gold
rollt neben ihm
und Sande –,

hat allen Lohn
bei sich,
nebst Rat
seit jenem
Scheitern.

STERN DER REISE

Die eine Wange rot und die andere
weiß; wohin
wollen wir reisen, meine
Väter, meine Mütter,
rufend den Hund, der
vor dreitausend Jahren hinabstürzte
    in Ägyptens Staub?

Gib Erde zu trinken, gib
Wasser zu kauen,
Stern der schmückenden Eifersucht,
Stern wider Milch und Blut:
Stern der Reise!

Nach abermals Zeiten,
wenn zu zahlreich fast
Hügel und Hügel geschliffen sind,
der junge Schrei, der
unter dem Hügel hervorbricht des
    Schoßes,
wird auch er noch
lernen, was eher gefühlt war:

die Götter sind tot,
doch ihre Schatten selbst geben
Nahrung dem Neide?

DIE FRUCHT

Frucht, die mit Sternenblut,
vom Blick der Toten, sage,
sechzehn mal sechzehn
sechzehnmal gespalten
und dir
als Augenblick und Speise
überlassen.

Zuvor so lang geübt
von dir – von je
ein anderer als du –,
den Stern zu halten
auf der Hand,
die Frucht, die sinken will.

ES PRÜFT...

Die Flüsse wie Mönche,
und es ist vielleicht
Besinnung über sie
auf jedwedem Athos.

Geist sei Ufer.
Das Meer,
was ist es, zu
landlose Liebe, in sich
ertrinkende?

Statuen, uferhin,
offenmündig, auch
das Feuer beschwörend;
gebändigte Seelen.

Denn das wißt ihr,
geschaffen mit Erz,
voll durch das Hohle,
erscheinen lassend
den Menschen wahr:

Es prüft, worauf
die Namen der Flüsse
wandeln, es prüft
die Ebene des Meeres
die Namen der Berge.

K.

Die niedergehende, die Sonne
sein Kaisersitz?
Sein bleiches Haupt
Kopf dieser Münze?

Wie Pracht von einer Wunde ist
des Abends Farbenspiel
so übel nicht,
verklärt die Heide:

Zwei schwanke Bäume,
von einander weit
getrennt,

im dunklen Gras.

WIE MIT EINER MÜDIGKEIT

Wie mit einer Müdigkeit
zwischen zwei schlagenden
goldenen Becken... ich

schrie nicht
und sprach nicht,
ich sang nicht, ich war
nicht zuhaus und war
auch nicht elend in
der Zwillingsbilder Prall.

Und durch den Schneckengang
mir gingen Propheten, ihre
Stimmen hütend, und,
mit gemäßem Antlitz,
Engel und,
leiser Hufe, ein Zentaur.

Zwischen zwei glänzenden
Becken, den schlagenden
Wangen von niemand.

DEN ALSO GRÜSSTEST DU

Am Rockschoß dieses
fürchterlichen Seins
das Kindsgeschrei...

laß los und geh
auf die geringen Berge,
um nach der einen Seite
das alte Nichts zu grüßen
und nach der andern –
wen?

Um wen hätt denn
die Näherin
das Kleid herumgenäht
aus Hanf, und dieser
fände es, zu aller Arbeit
mit dem schlechten Wort,
so recht?

Den also grüßtest du,
der quer durch Unzucht,
in den Tälern fett,
zum Berge pfeifend käme,
dann leise redete –
mit wem?

ZU EINER LANDFAHRT

Staub Staub
der Erde Maul
der böse Spalt
aus Staub und kauend Staub –
Gott sei
uns gnädig
sein Antlitz hat
sich sehr verändert.

Dem Meere abgeworben
zu einer Landfahrt nun
den Schlangen bedarf ich
Feindinnen der Chimären
die aus den Mündern steigen
von hier Fremden.

WAS IST

Woher
es kommt...
genestelt
von Totenhänden
und dem Gerät
beglaubigt
aller Pein.

Was ist
gewesen, was
ist wahr?

Mit wilder Freude
neugierig
in welcher Nacht
erfuhren Augen
das Schlagen
inwendig
einer Nachtigall?

für Gertrude Freisleben

ÜBER DÄCHER, HÄHNE HINAUS

Feuer, das Leitern erstieg,
Leitern und Treppen
erstieg, gewundene,
und über Dächer hinaus,
über Hähne hinaus
immer höher stieg,
wo
langte es an, wo
erschreckten sich
seine nackten Sohlen
am Kalten?

O ein hochgeführtes
Wünschen stieß
an eines Engels Leichnam,
fiel auf Schnee, die
winternde Sprache.

WINTERLICH

V

Über vereisten
Wassern
Geburt
und Geläut
und des Ufers
falbes Schilf.

Verwandt ists
dem Haar
von des Kindes Scheitel,
gezählt vom Feuer,
gesungen
von frühester Flöte.

Zu ihr spricht
im blühenden Eis
ein Riß,
manchen Stummseins
enthüllende
Wohnung.

VI

...so lacht,
hebt auf, was
herabkam, weiß
und kristallen wie
die einfachen Seraphim,

lacht, macht
einen Mann daraus,
einen König
mit der Rute Südwind,
daß er Buße gebe
sich selber,

in seiner Hoffnung,
länger zu dauern
als diesen einen
Winter des Lebens.

VII

Die wir mäkeln
auf Firsten kauern
und die Windfahnen zwingen
gegen den weiseren Wind!

Verwunschene, hämisch
wider den König gesonnen, den
gewaltlosen: den Samen,
der lenkt
zwischen Himmel und Erde
die Sachen!

uns räkelnd, vernarrt
ins Eigenbrot,
auf den Dächern noch,
wenn die eisernen
Fahnen knarren
im Frost der Höhe, wir,
mit den Zähnen knirschend,
herbe Söhne den Müttern,
die weinend
die Hirse bereiten
auf des Hauses Feuer!

ALS OB LEBEN NICHT WÄR

Als ob
Leben nicht wär – während
in Gräbern
Kinder gähnen, im Arm
die alten Puppen –

als ob
Leben nicht wär, wo
dem Fuchse noch immer
ein Gackern schmeckt,
die Eule funkelt
aus einem Haupt
und der Sperling
in Pfützen spiegelt
vogelgemut
sein geringes Ansehn!

Um eines
Lachens willen
bin ich betrübt bis ins Mark,
Phönix zu sehen,
wie er
(bei welchem Wetter?)
hockt im Geäst,
von Gold ungelenk
und vor Scham.

SKORPION

Vor jenem überaus Genauen
(samt der Erkenntnis,
Wirklichem zulieb?)
narrt der metallne
Spiegel einer See.
Von einer Trübe außerdem
weiß man die Spur.

Verlust Verlust. Skorpion.
Den hörte ich
zum Fische sagen:
Was ist es,
das uns sticht?

Gewog seh ich, Gewölk;
ich sehe Asche schwirrn.
Des Vogels ausgerißne Feder
tunkt hin ins feucht
Verwesende. Sie schreibt,
was nach uns ist.

GESCHNITTEN, GEMÄHT

Geschnitten, gemäht...
und auf dem Baren
Sprüche ersprießend,
gegen die das Volk
noch einmal schreit
und dein Wünschen,
mein Bruder,
sich weinend erhebt.

Doch sieh, ich hab mich
zu schicken gesucht;
in sieben Nächten
zerschnitt mir die Sense
die nackten Sohlen,
und ja, ich war es,
der den Hirten die Feuer
aus trüber Wolle zertrat.

Hier, sieh die Sense,
die schnitt,
den Stein,
der sie schliff,
von Sterben und Leben
den habenden Rest.

ICH SAGE ANKUNFT

I

Ja, das Licht
aufrecht
über dem Abgrund.

Wer spielt
seine Weisheit,
wer weiß
die Fülle seiner Torheit?

Ich sage
Ankunft
hier bei des Lichtes
wirklichem Schilf.

II

Von der Spitze
des Dorns
die Formel geerntet.

Die leicht war,
wird schwer auf der Hand,
entfällt ihr.

Und sie schlägt Wurzel,
wird Rose
an dieser Stelle.

Nachwort

»Die Formel und die Stätte« von 1960 ist der letzte Gedichtband Ernst Meisters, der im Limes Verlag, dem Verlag Gottfried Benns, erschien. Der Titel dieses Bandes ist, wie schon bei »Zahlen und Figuren« (1958), ein Zitat. War es 1958 ein Novaliszitat, das Meister als Titel wählte, so ist es hier nun eines von Arthur Rimbaud. Es findet sich in den wohl zwischen 1872 und 1873 entstandenen »Illuminations« und dort im Prosagedicht »Vagabonds« (»Landstreicher«). Meister benutzte die auch heute noch weit verbreitete Übersetzung des Gesamtwerkes Rimbauds von Walther Küchler[1]. Dieser Band findet sich mit vielen Anstreichungen, die eine intensive Lektüre dokumentieren, in Meisters Nachlaß.

In der Küchlerschen Übersetzung lautet der letzte Abschnitt von »Landstreicher« (Meisters Unterstreichungen sind an dieser Stelle kursiv wiedergegeben): »Ich hatte in der Tat, in voller Aufrichtigkeit des Geistes, die Verpflichtung übernommen, ihn *seinem ursprünglichen Zustand eines Sohnes der Sonne zurückzugeben,* - und wir irrten dahin, uns nährend vom Wein der Spelunken und vom *Zwieback der Straße,* ich, gedrängt von dem Verlangen, *die Stätte* und die Formel zu finden.«[2] In einem Interview bemerkte Meister zu dem Titel: »Ich lege den Ton auf die Stätte, um das Spiel der Formel mit sich selbst, das in der Dichtung Rimbauds, wie wenigstens es scheinen will, seine Wurzel hat, quasi abzubremsen zugunsten des Wirklichkeitsbezuges.«[3] Wieder - wie schon bei Novalis - sieht Meister sich gezwungen zu berichten, einzuschränken, zurechtzurücken. War es bei Novalis die Hoffnung auf die Epiphanie der reinen Wirklichkeit, des reinen Erlebens, die eingeschränkt werden mußte, so ist es im Falle Rimbauds für Meister notwendig, den »Wirklichkeitsbezug«, durch den die »Formel« erst ihre Relevanz erfährt, zu betonen. Meister bleibt durchaus bei der Wertschätzung der »Formel« (sie ist gleichermaßen verwandt mit der Formel der Alchimisten, mit der der Stein der Weisen erzeugt zu werden vermag, wie mit der ›Weltformel‹ Heisenbergs), er bleibt bei den »Zahlen und Figuren«, doch sucht er ihnen, wohl wissend um die unbedingte Notwendigkeit, eine »Stätte«, ein bildliches, gegenständliches Äquivalent. Es ist ein Denken in Bildern, das Meister vorschwebt.

In den vier Abschnitten dieses Bandes (Meister liebte es, von »Abteilungen« zu sprechen) finden sich die Exemplifizierungen des schon angedeuteten Formel/Stätte-Verhältnisses. Es ist jene spannungsvolle Ambivalenz zwischen »Liebeswort« (S. 17) und »Todesgedanken« (S. 18), die das lyrische Ich bewegt.

Schnee im Mund
läutert
das Liebeswort.
(S. 17)

»Todesgedanken« implizieren die Frage nach dem Grund, der gleich im Eröffnungsgedicht eine erste Antwort zuteil wird:

DER GRUND KANN NICHT REDEN

Der schreibt kein Tagebuch,
Grund, der aus Totem und Toten steht,
der die Säulen aus Wasser trägt
und die immer
geschlagene Flotte der Worte...
(S. 9)

Der »Grund« war schon in dem frühen Gedicht »Schiffsuntergang« (ebenfalls mit nautischer Metaphorik), das in der »Ausstellung« (S. 24) von 1932 steht, Gegenstand des Überlegens. Die Schlußzeile des Gedichtes von 1932 mutet wie eine vorwegnehmende Ergänzung des Gedichtes aus den späten 50er Jahren an:
»Es war so geduldig der Grund. Er hütete oben das Licht.« Der »Grund« kann zwar kein »Tagebuch« führen, doch schreibt der Dichter es für ihn. Der Anspruch der Dichtung und des Dichters findet seine volle Entfaltung im Schlußabschnitt des Gedichtes:

Tauche ich?
Ich suchte mit Lampen, ich fände
ein Logbuch, welches jedoch
von des Totseins Bewandnis
nicht spricht, sondern allein
von des Unterganges Beginn:
WIR SINKEN. WIR
WERDEN GRUND.

Das »Logbuch«, jenes »Tagebuch«, das der »Grund« nicht zu schreiben vermag, jenes präexistente Buch, gibt Auskunft über die Lage der Existenz, jedoch ohne alle Fragen restlos klären zu können, wie jene nach der Begreifbarkeit des »Totseins«. Wie das »Logbuch«, so vermag auch der Dichter »von des Unterganges Beginn« zu reden, wird redend (schreibend) zu seinem Autor.

Die »Todesgedanken« durchmessen die Gedichte. Es finden sich Zeilen wie diese: »Ja, gestern haben wir/ zu einem Toten/Lilien getan,« (S. 57). Die »Todesgedanken« verbinden sich mit dem »Liebeswort«: »Rose, was sagt Leben?/Es fahre/Gewesenem zu./Was sagt Tod?/Rose.« (S. 59) Wer fühlt sich hier nicht an Rilkes berühmtes Epitaph »Rose, oh reiner Widerspruch« erinnert?

Die Möglichkeit vom »Grund« zu wissen, der sprachlos ist, und dessen Konstituenten zur Sprache gebracht werden können, führt Meister dazu, quasi gnostische Elemente in seine Dichtung aufzunehmen:

Raum von Welten
und des Fleisches Verließ,
Verlassenheit,
Haus.
(S. 26)

Hans Jonas spricht von der gnostischen »Grundformel« der »Gefangenschaft des Menschen in der Welt«[4]. Die Symbole, durch die dies zur Sprache kommt, sind »Gefängnis, Fußblock, Fessel, Schlinge«[5], aber auch »Haus«[6] (vgl. hierzu 2. Kor. 5:1-5). Des Menschen Körper ist ein Sarg und wenn er aus diesem heraustritt, dann ist der Mensch schlechterdings nichts mehr.

Die »Todesgedanken« betreffen Gott und den gesamten metaphysisch-theologischen Apparat, den die Menschen sich erstellten, um den »Todesgedanken« nicht wirklich denken zu müssen. Wenn man »an eines Engels Leichnam« (S. 74) tritt, dann wird signalisiert, daß die Engel der Bibel und auch jene Rilkes gleichermaßen tot sind. Manchmal wird (fast spielerisch) noch mit Gottes Wirklichkeit gerechnet:

> [...] (vielleicht
> fragt sich selbst Gott
> in dem Gespinst, ob
> es ihn gebe und, sofern
> ihm dies gewiß, er
> Gott gewesen auch
> der ersten Zeit.) [...]
> (S. 41)

Deutlich wird hier: Gott *war* bestenfalls und ist eine historische Größe. Gott ist sich und anderen gegenwärtig höchstens als Zitat:

> daß Gott sie küsse, der,
> man sagts, nicht ächzt,
> nicht altert,
> (S. 60)

Ziemlich am Schluß des Bandes, möglich als Resümee, kommt Zarathustras Bekenntnis im Plural daher:

> die Götter sind tot,

(S. 66)

Das so oft angerufene Angesicht Gottes ist zum Gesicht eines Toten geworden, lakonisch wird vermerkt:

Gott sei
uns gnädig
sein Antlitz hat
sich sehr verändert.
(S. 72)

Von der Unwandelbarkeit Gottes, übrigens ein dogmatischer Gemeinplatz, ist nichts mehr übriggeblieben. Er wird, auch dies ist eine gnostische Reminiszenz, bestenfalls zum unverständigen Demiurgen.
Daß Meister gerade Rimbauds »Vagabonds« zitiert, mit seinen poetologischen Implikationen, ist natürlich alles andere als ein Zufall. Die Frage nach dem Dichter, nach seinem Außenseitertum und nach seiner Aufgabe, gehört zu jenen, denen Meister sich immer wieder stellen wollte.
Für die Literaturwissenschaft, soweit sie von Meister überhaupt Notiz nahm, ist es eine ausgemachte Sache, daß es sich bei ihm um einen philosophischen Dichter handelt, weit ist der Weg dann nicht mehr zum dichtenden Philosophen. Meister ist dieser Einschätzung sicherlich nicht entgegengetreten, auch wenn er sie *so* nicht billigte. Etliche Gedichte muten wie Belege für eine Philosophie in Gedichtform an:

Was ist

gewesen, was
ist wahr?
(S. 73)

Das kann natürlich als philosophische Fragestellung verstanden werden, doch schwingt hier ebenso die alte Pilatusfrage, wie jene Zeilen Hölderlins aus »Mnemosyne« (2. Fassung), die jenseits aller Philosopheme liegen, mit:

[...] Lang ist
Die Zeit, es ereignet sich aber
das Wahre.

Proklamiert wird das Wahre nicht als Idee, sondern als Ereignis. Noch »Im Zeitspalt« (1976) geht Meister auf den Ereignischarakter des Wahren ein, zitiert aus Hölderlins »Mnemosyne« und gibt auf die indizierte Frage eine Antwort:

Lang oder kurz ist die Zeit,
und das Wahre,
das sich ereignen wird,
heißt Sterben.
(Im Zeitspalt, S. 31)

Hier wird nicht nur Hölderlin zitiert, sondern gleichzeitig der Anspruch des johanneischen Jesus mit seinem »Ich bin der Weg und die Wahrheit und das Leben« (Joh. 14:6) abgewehrt.
Die sachgemäße Antwort auf die Frage nach dem

»Wahren«, dem »Grund«, ermöglichen allein die »Todesgedanken«. Denken und Dichten ist für Meister, Heidegger folgend, nur *ein* Geschäft. Allerdings nicht in dem Sinn, daß der Dichter eine bestimmte Philosophie mit Versen schmückt, vielmehr ist es so, daß Dichtung und Philosophie die gleiche Richtung, in Bezug auf die Welt als Ganzes, haben.

Meisters Geschäft war es, jenem Denken in Bildern Vorschub zu leisten, zu dem die schulmäßige Philosophie nicht in der Lage ist. Von daher konnte ihm die Dichtung der Philosophie durchaus überlegen sein, denn die Wahrheit ist in der Sprache zuhause:

Ein Abend
starrend von Staren...
und wärs auch
Wortspiel, es schafft sich
Wahrheit,
so schwarzes Gezwitscher,
ein unerhörtes
im Labyrinth.
(S. 16)

»Ein Abend / starrend von Staren« ist die Epiphanie der Ikone der Wahrheit, die durchs »Wortspiel« des Dichters, jenes homo ludens sui generis, in die Erscheinung tritt. »Wortspiel« korrespondiert gleichermaßen mit den »Todesgedanken« wie mit dem »Liebeswort«. Es ist die Sache des Dichters, ein Spiel zu spielen auf Leben und Tod:

Des Vogels ausgerißne Feder
tunkt hin ins feucht
Verwesende. Sie schreibt,
was nach uns ist.
(S. 79)

Die »Feder«, dieses antiquierte Schreibutensil, die eine ebenso antiquierte Metapher für das Schreiben ist, wird dem Vogel, einem geläufigen Dichtersymbol, ausgerissen. Das Dichten ist von der dichterischen Existenz nicht ablösbar, es geschieht mit »ausgerißne[r] Feder«, d.h. ist ein Akt der (teilweisen) Selbstzerstörung. Die Wirklichkeit, das »feucht/Verwesende«, ist Material des Gedichtes. In ihm versammeln sich die Destruktionselemente der Wirklichkeit. Die Feder »schreibt/was nach uns ist.«, das Gedicht spricht von unserer Zukunft, von unserem »Totsein«. »Jedes Graphem ist seinem Wesen nach testamentarisch.«[8] Dieser Satz Derridas beschreibt auf das genaueste die Funktion des Gedichtes, es ist testamentarische Verfügung der Gegenwart an die Zukunft.

Das Gedicht klärt über die Lage des Menschen auf:

Ja, das Licht
aufrecht
über dem Abgrund.
(S. 81)

Wieder ein Hinweis auf Hölderlins »Mnemosyne«:

[...] Nämlich es reichen

Die Sterblichen eh an den Abgrund.

Die Existenz befindet sich am »Abgrund«, allein: erst durch das »Licht«, das »über« ihm leuchtet, wird er erkennbar. Das »Licht« erhellt den »Abgrund« zwar nicht, doch zeigt es die Stelle an, an der er sich befindet. Das Gedicht als »Licht« bestimmt den Ort, ein Akt der Ortsbestimmung der Existenz.

R. Kiefer

Anmerkungen

1 Rimbaud, Arthur: Sämtliche Gedichte. Französisch, mit deutscher Übertragung von Walther Küchler. Heidelberg 1946.
2 Rimbaud, Arthur: A.a.O., S. 247.
3 Zit.n. Scholl, Albert Arnold: Labyrinthische Muster. Die Zeit v. 13.10.1961.
4 Jonas, Hans: Gnosis und Spätantiker Geist. Erster Teil. Die mythologische Gnosis. Göttingen 3. verbesserte u. vermehrte Aufl. 1964, S. 259.
5 Jonas, Hans: A.a.O., S. 106.
6 Vgl. Widengren, Geo: Religionsphänomenologie. Berlin 1969, S. 495.
7 Hölderlin, Friedrich: Werke. Briefe. Dokumente. Nach dem Text der von Friedrich Beißner besorgten Kleinen Stuttgarter Hölderlin-Ausgabe. Ausgewählt sowie mit einem Nachwort und Erläuterungen versehen von Pierre Bertaux. München 1963, S. 198.
8 Derrida, Jacques: Grammatologie. Frankfurt/M. 1983, S. 120.

INHALT

I

DER GRUND KANN NICHT REDEN	9
SIEBEN ZEILEN	10
AN MEINEN BRUDER	11
ZITAT II	13
ANKUNFT GROSSER GEFAHR	14
DU, UNTER NICHT KRÄNKELNDER SONNE	15
VOGELWOLKE	16
WINTERLICH I, II	17
WINTERLICH III, IV	18
DAS PFEIFEN DER FLEDERMÄUSE	19
EIN LÄRM	20
VON DEN AUGEN UNTER DEN LIDERN	21
DRAUSSEN	23
FEDERN FLIEGEN DES PFAUS	24
EINFACHE SCHÖPFUNG	25
DOPPELGESICHT	26
UNTER ANDEREN	27
FALL	28
RÄTSEL DER FURCHT	29
ERSTLINGE DER FURCHT	30
METAMORPHOSEN	31

II

DURCHQUEREND SOLCHE WÄCHTEN	35
SELTSAM GENAU	36
STROHERNES LICHT	37
BEZIRK	38
ASCHE	39
DROSSEL	41
ZU WEM	42
MITTAG	43
SCHATTEN	44
NÄCHTLICH	45
GEDANKE UMBRIEN	46
EUCH, TULPEN, NARZISSEN	47
DIE ANDERE NACHT	48
ETÜDEN I, II	49
ETÜDEN III, IV	50
TAGE	51

III
DER TOTE	55
HIERZULANDE	56
GELBER STAUB	57
WELCHEN SINNES	58
STRUDEL	59
VESPER	60
SAGT, VOGELGEISTER	61

IV
SEIT JENEM SCHEITERN	65
STERN DER REISE	66
DIE FRUCHT	67
ES PRÜFT …	68
K.	69
WIE MIT EINER MÜDIGKEIT	70
DEN ALSO GRÜSSTEST DU	71
ZU EINER LANDFAHRT	72
WAS IST	73
ÜBER DÄCHER, HÄHNE HINAUS	74
WINTERLICH V	75
WINTERLICH VI	76
WINTERLICH VII	77
ALS OB LEBEN NICHT WÄR	78
SKORPION	79
GESCHNITTEN, GEMÄHT	80
ICH SAGE ANKUNFT I	81
ICH SAGE ANKUNFT II	82

NACHWORT	84

Ernst Meister
Sämtliche Gedichte hrsg. von R. Kiefer

Ausstellung (1932). 1985

Aus dem Zeitlied des Kindes (1945/46). 1987

Mitteilungen für Freunde (1946/47). 1987

Unterm schwarzen Schafspelz/
Dem Spiegelkabinett gegenüber (1953/54). 1986

Der Südwind sagte zu mir/
Fermate (1955/57). 1986

...und Ararat/Pythiusa/Lichtes Labyrinth (1956/58/59). 1987

Zahlen und Figuren (1958). 1987

Die Formel und die Stätte (1960). 1987

Flut und Stein (1962). 1987

Anderer Aufenthalt (1964). 1987

Zeichen um Zeichen (1968). 1987

Es kam die Nachricht (1970). 1987

Sage vom Ganzen den Satz (1972). 1987

Im Zeitspalt (1976). 1987

wird fortgesetzt!

Rimbaud Presse